AF321244

BILBAO

Nous attendions pour parler de Bilbao que la savante tactique du maréchal Concha ait produit ses effets, mais un mois déjà s'est écoulé et elle n'a rien tenu de ce qu'elle avait promis ! Le maréchal fait comme ses devanciers, il hésite, il ne sait de quel côté diriger ses efforts ; exterminer les Carlistes ne lui semble plus chose aussi facile.

Nous qui connaissons le marquis del Duero de longue date, qui l'avons combattu en 1849, nous ne nous étonnons pas de ses manœuvres stratégiques. nous savons qu'il est du nombre des grands capitaines qui n'achètent la victoire qu'à force d'hommes et d'argent ; mais, puisqu'il nous en laisse le loisir, donnons un aperçu du siége de Bilbao.

Le 2 mai, dans l'après-midi, les troupes républicaines entraient à Bilbao, dont l'a mée royale venait d'abandonner le siége, et le soir même on annonçait à grand bruit dans Paris la fin de la guerre civile en Espagne et la fuite des Carlistes.

Les journaux français, dans leur lyrisme révolutionnaire, chantaient déjà l'extermination complète de l'armée de

Don Carlos, et le journal la *Patrie*, dans son numéro du 6, arrivait jusqu'à conseiller aux Carlistes de se soumettre, oubliant que peu de jours avant, le 29 avril, il disait dans sa partie Informations : *Le gouvernement français n'ayant pas encore reconnu ce qui représente le gouvernement espagnol...*

Des maisons espagnoles illuminaient à Paris comme s'il s'agissait d'une victoire remportée sur un ennemi étranger.

Quelle absence de patriotisme et de tout sentiment d'humanité !

En présence de ces manifestations blessantes et assourdis par les applaudissements de la presse, nous nous rappelions involontairement les saturnales des boulevards du mois de juillet 1870.

Que les Français sympathiques à notre cause nous pardonnent d'évoquer ces tristes souvenirs !

Mais pourquoi ce revirement subit d'une partie de la presse à notre égard ? Notre drapeau a-t-il cessé d'être le drapeau de l'ordre ? La devise : « Dieu, Patrie et Roi, » n'est-elle plus inscrite dans ses plis ?

A-t-on jamais vu la vieille et noble abnégation carliste se laisser ébranler par les caprices de la fortune ?

Tant que le succès caressa nos armes, on nous accordait toutes les vertus imaginables ; dès que le siége de Bilbao fut levé, on nous eût conduit au pilori.

Messieurs les sophistes, prétendez-vous par hasard faire renaître l'ère de 1840 ? Regrettez-vous cette époque mémorable à laquelle on se faisait gloire de sévir contre les Carlistes, de les jeter en prison comme des malfaiteurs et de leur faire traverser la France la chaîne au cou, pendant que l'on travaillait à la ruine de la Péninsule par la conclusion des mariages espagnols ?

La presse française s'est-elle rendu un compte exact de la position des Carlistes? Comprend-elle le caractère espagnol et veut-elle aller de gaieté de cœur et par esprit de parti à l'inverse des intérêts de la France ?

Mais jetons un voile sur le passé et revenons au présent.

Le 20 décembre 1872, le général Ollo, commandant de la Navarre, accompagné du brigadier Argonz et de 26 braves, franchissait la frontière et déployait en Espagne le drapeau national.

Le 20 décembre 1873, Don Carlos adressait une lettre de félicitations au général Ollo et, s'applaudissant du progrès que sa cause avait fait depuis un an, il ajoutait : *Nous comptons aujourd'hui autant de bataillons que vous comptiez d'hommes alors. Tout vous était contraire, tout vous est favorable.*

En effet, le 20 décembre 1872, Amédée régnait en Espagne, l'armée n'était pas arrivée au paroxysme de la désorganisation, le gouvernement existait et quelque faible qu'il fût il pouvait encore se faire obéir.

Il n'en était pas de même sous la république de Castelar, Salmeron, Figueras et Pi y Margall : l'indiscipline, l'insurrection, le pillage, le vol, l'incendie avaient pris un tel développement que l'on put craindre pour l'unité de la nation. Aussi Don Carlos exprimait-il une vérité incontestable en déclarant qu'en 1872 tout était contraire aux Carlistes et qu'au mois de décembre 1873 tout leur était favorable.

A cette date Bilbao était bloqué, le Nervion barré, Portugalete et el Desierto attaqués ; jusque-là, toutes les chances de succès étaient pour les Carlistes et, sans la chute du gouvernement républicain et l'arrivée au pouvoir du général Serrano, ils triomphaient facilement de Bilbao et marchaient droit à Madrid.

Le siége de cette ville ne faisait partie d'aucun plan d'opération : le général Audechaga, en sa qualité de Biscayen, en avait pris seul l'initiative.

Le 3 janvier 1874, le coup d'État de Pavia fut accueilli avec des transports de joie par l'Espagne révolutionnaire ; les républicains eux-mêmes n'en parurent pas mécontents ; mais les premiers moments d'enthousiasme calmés, Pavia rentra dans l'ombre, cédant le pas au maréchal Serrano qui était l'âme de la conspiration.

Serrano personnifie en lui les idées de la plupart des hommes de la révolution de 1868, révolution faite par dégoût, par lassitude, à laquelle tout le monde coopéra, Isabellistes, Montpensiéristes, Républicains, etc., et qui eut pour conséquence, le renvoi de la reine Isabelle par ses propres partisans.

Voyant le péril qui le menaçait, le premier soin de Serrano fut de se mettre en communication avec les anciens chefs de l'armée de la reine, connus aujourd'hui sous la dénomination d'Alphonsistes ; ces hommes, fatigués de leur longue inaction, ne demandaient pas mieux que de répondre à son appel, et plutôt que de rester dans l'obscurité ils se rattachèrent à la fortune du duc de la Torre. C'est ainsi que, depuis quarante ans, l'Espagne est constamment la proie des ambitieux.

Serrano s'occupa aussitôt de réorganiser l'armée ; il confirma Morionès dans son commandement de l'armée du Nord. Des levées furent faites, l'artillerie reconstituée et l'on abandonna les petites localités pour se concentrer dans les grandes, afin d'éviter les attaques partielles des Carlistes et de pouvoir disposer de colonnes plus considérables. La prise de Carthagène aux insurgés fédéralistes donnait de nouvelles forces au dictateur.

C'est donc à partir du 3 janvier 1874 que la situation des Carlistes changea complétement ; mais ayant commencé le siége de Bilbao, ils ne pouvaient l'abandonner d'autant plus qu'ils ignoraient encore quelles seraient les ressources de Serrano et le nombre de ses alliés.

Quoi qu'il en soit, après une attaque des plus vigoureuses, les Carlistes prenant d'assaut maison par maison s'emparaient, le 22 janvier, de Portugalete ; le 24, el Desierto subissait le même sort.

On accorda aux garnisons les honneurs de la guerre, avec obligation de se rendre à Madrid. Les Carlistes concentrèrent alors toutes les forces disponibles de la Biscaye, de l'Alava et de la Navarre autour de Bilbao, et pendant que les assiégés se préparaient à soutenir un siége des plus rudes. les assiégeants se préparaient à les vaincre.

Morionès, connaissant mieux que personne la puissance des Carlistes dans le nord de l'Espagne, ne cessait de demander des renforts à Madrid. Le succès avait couronné le début de sa campagne. mais depuis quelque temps, délaissé par la fortune, le général en chef de l'armée du Nord cherchait à frapper un grand coup.

Avec les gardes civils, les douaniers, les miquelets et toutes les troupes disponibles du périmètre de son commandement, il put réunir une armée d'environ 16,000 hommes. Par des marches et des contre-marches, des embarquements et des débarquements entre Logroño et Santander, il tâtait le terrain et reconnaissait les lignes ennemies ; mais partout on était sur le qui-vive et il n'était pas possible de faire une trouée dans les lignes carlistes sans s'exposer à un grave échec.

Pendant ces allées et venues, l'infatigable chef de l'armée du Nord se jetait à l'improviste sur la Guardia, ville de 2,450 habitants, qui se trouve située à environ 13 kilomètres nord-ouest de Logroño dans la Rioja Alavesa et que les Carlistes ne possédaient que depuis peu de temps. Ce coup de main produisit une certaine sensation ; la garnison se composant de 500 hommes fut faite prisonnière. La perte de cette ville, de sa garnison et de tout le matériel de guerre devait être très-sensible aux Carlistes, aussi Morionès crut à une diversion : c'était ce qu'il cherchait ; mais les Carlistes ne bougèrent pas et surent éviter de tomber dans le piège que leur tendait leur habile ennemi.

Jugeant ses essais inutiles, il rassembla à la hâte hommes, vivres et bâtiments et se dirigea vivement sur Castro Urdiales pour tenter un suprême effort.

Les Carlistes, en attendant, plaçaient leurs batteries, construisaient des tranchées, organisaient leur armée, faisaient venir des munitions, se façonnaient au métier de la grande guerre, et cela en présence de l'ennemi.

Le 20 février, le marquis de Valdespina, commandant général des opérations du siége, prévenait le corps consulaire que le bombardement de Bilbao commencerait trente heures après la communication de la présente notification ; il permettait aux étrangers, aux femmes et aux enfants de sortir de la ville.

Le 21, à midi, la première bombe carliste tombait sur Bilbao ; elle fut tirée par la batterie d'Archanda composée de huit mortiers de gros calibre. On eût pu croire que l'on saluait l'arrivée de Morionès à Somorrostro, car à la même époque le général de l'armée du Nord opérait son débarquement sur ce point pour attaquer les Carlistes de front.

Prendre le taureau par les cornes était une entreprise difficile sinon téméraire; Morionès, en dépit de son intelligence et de son courage, ne pouvait espérer déloger de leurs positions 20 à 25 mille Carlistes avec 17 mille Républicains, malgré l'énorme supériorité de son artillerie et la coopération de l'escadre.

Or, le 20 février 1874, le général républicain commençait à s'engager dans les défilés du Somorrostro, et le 25, après des tentatives aussi infructueuses que meurtrières, et où il manqua d'être taillé en pièces par le général carliste Ollo avec ses seuls Navarrais, Morionès prenait la fuite et se rembarquait, mais cette fois pour donner sa démission. Une dépêche de Madrid, du 25 février, disait : « Morionès a suspendu sa « marche en avant, le mauvais temps empêchant la coopé- « ration de l'escadre ! »

C'est ici que l'on s'étonne que les Carlistes n'aient pas jeté toutes les troupes ennemies à la mer. Si la déroute du général de l'armée du Nord ne fut pas complète, il ne le dut qu'à son artillerie et à l'appui de l'escadre, quoi qu'en dise la dépêche de Madrid, autrement le miracle opéré en faveur des Républicains ne s'expliquerait pas.

A la nouvelle de cette déroute, Madrid s'émeut, la révolution tremble, les partis libéraux se groupent, Serrano et Topète partent pour l'armée du Nord ; les financiers enrichis font des offres d'argent à ce soi-disant gouvernement ; les jeunes démagogues s'engagent, la presque totalité des garnisons, les douaniers et les gardes civils de toute l'Espagne sont déjà sur la route de Santander...

Pourquoi ce tumulte, pourquoi cette agitation? Pour aller combattre dans les montagnes quelques volontaires carlistes qui ont eu l'audace de déployer le drapeau « Dieu, Patrie et Roi! » Mais on assurait qu'ils étaient peu nombreux et que le peuple espagnol se montrait hostile à Don Carlos.

Entendons-nous, il y a peuple et peuple.

Les hommes à théories sociales de la balance du moi par le moi, de l'égalité pure, de la justice dans la raison collective et autant d'autres obscures jongleries, suivis par des sots et des gens de mauvaise foi, les faux libéraux, les parlementaires ambitieux, les hommes à *pronunciamientos*, les communards, les pétroleurs, les gens criblés de dettes, les chevaliers d'industrie, les échappés des bagnes, les hommes sans principes, sans convictions, sans honneur, voilà ceux qui, systématiquement, repoussent Don Carlos.

Mais la population honnête et laborieuse des villes et des campagnes, les hommes d'ordre, les hommes religieux, les hommes véritablement animés de l'amour de la patrie, prêts à sacrifier leur vie pour que l'Espagne soit libre, forte et respectée, ceux-là veulent Don Carlos.

De quel côté est la nation?

Les 25, 26 et 27 mars Serrano et Topète échouent également.

Bien que les pertes des Carlistes dans ces trois journées aient été considérables et qu'il leur fût difficile de remplacer les vaillants généraux Ollo et Radica, ils ne devaient et ne pouvaient, sans déshonneur, abandonner le siége de Bilbao après un succès.

A la guerre, tant qu'une bataille n'est pas gagnée . elle n'est pas perdue (exemple : bataille de Marengo) ; il faut résister jusqu'au dernier moment : c'est ce que firent les Carlistes.

Malgré le manque d'artillerie et la rareté des munitions qui rendaient la lutte presque impossible, ils se raidirent contre l'adversité, ayant à cœur de prouver à l'Europe qu'ils restaient les dignes défenseurs de leur Dieu, de l'ordre et de la vraie liberté.

Cependant ils ne pouvaient presque rien espérer en dehors de leur cercle d'opérations, et ce cercle, composé des provinces les plus pauvres de l'Espagne, déjà épuisées par la guerre civile, n'avait à leur offrir que son dévouement personnel. La question de l'armement a toujours été pour les Carlistes une des grandes difficultés à résoudre.

Les fabriques d'armes des provinces basques sont mal outillées, mal approvisionnées et ne peuvent livrer que des produits en petite quantité et de qualité inférieure ; n'ayant qu'un laps de temps très-limité, il n'était même pas permis aux Carlistes de compter sur l'étranger. Aussi, continuer le siége de Bilbao dans ces conditions était une œuvre de géants.

Il n'en était pas de même des Serranistes qui occupaient la majeure partie de l'Espagne et la plus riche : argent, armes, matériel, rien ne leur manquait, tout était à leur disposition ; des légions de soldats s'ébranlaient pour aller les renforcer. Paris lui-même faisait des avances de fonds à ce semblant de gouvernement, et la Prusse lui envoyait des canons Krupp que la France complaisante laissait embarquer publiquement sur les quais de Bayonne, à destination de Santander, et puis l'on s'étonne que de l'autre côté des Pyrénées on n'aime pas les étrangers !

Nous ne voulons point rappeler les torrents de sang versés lors de l'invasion du premier empire, ni les tortures exercées contre les Carlistes par le gouvernement de 1830; nous ne voulons nous souvenir que des bienfaits et des preuves de dévouement des légitimistes français sympathiques à notre cause.

Gravina et les siens, en 1805, moururent en héros à la bataille de Trafalgar, en défendant les intérêts de la France. Tous ces vaillants soldats étaient espagnols !

Après une inaction forcée qui fut défavorable aux Carlistes, Serrano reçut des renforts qui devaient lui permettre de secourir Bilbao.

Le 27, le général Concha entreprenait, dans la vallée de Balmaseda, un mouvement tournant sur l'aile gauche des troupes royales, pendant que Serrano, attentif, se tenait à son quartier général de San-Martin de Somorrostro, prêt à faire opérer le gros de l'armée au premier signal.

Le 28, l'escadre, l'armée de terre, l'artillerie entière, les pièces de 16 et les fameux canons Krupp ouvraient un feu formidable; le roulement de la mousqueterie se faisait entendre sans interruption et le bruit des explosions, mille fois répété par l'écho des montagnes, produisait une harmonie grandiose et sauvage ; la nature semblait frémir d'horreur à la vue de l'acharnement de ses propres enfants !...

Au milieu de cette tempête de plomb et de feu, les jeunes bataillons carlistes attendaient, impassibles, l'heure du combat.

Mais le mouvement tournant de Concha réussissait, les Carlistes ayant leur ligne de défense trop étendue.

A las Muñecas, trois mille d'entre eux, sans canon, étaient obligés de tenir tête à 15 mille hommes armés d'artillerie; c'est là que tomba le noble et intrépide général Andechaga, après avoir repoussé, par trois fois, l'ennemi à la baïonnette; cet ancien chef carliste était adoré des soldats qui l'appelaient leur père : trois cents se firent massacrer pour couvrir son corps.

Dans la nuit du 30 une dernière charge à la baïonnette fut exécutée par une poignée de Carlistes, à Galdamès; cette tentative avorta en présence de forces supérieures. et le général Elio, s'étant aperçu que ses positions étaient tournées, donna l'ordre de la retraite.

Impossible de peindre le désespoir et la rage des soldats, contraints d'abandonner leurs retranchements ; tous voulaient mourir sur place plutôt que de céder un pouce de terrain à l'ennemi. Mais le salut de la cause exigeait ce sacrifice... Pour Dieu et pour le roi, l'héroïsme fut refoulé au fond du cœur et l'armée obéit !

Est-ce une victoire que de faire lever le siége d'une ville dans de pareilles conditions? Nous ne le croyons pas ! L'armée carliste se retira sans laisser un seul prisonnier ni un seul fusil entre les mains du vainqueur, et le lendemain de l'entrée de Serrano à Bilbao, 31 bataillons carlistes, l'arme au bras, considéraient avec dédain les excès commis dans la ville par ses libérateurs.

Quel contraste frappant entre la tenue des Carlistes en 1874 et celle de 1836, époque à laquelle ils furent vaincus et dispersés à Luchana, perdant jusqu'à leur matériel de guerre ! et pourtant ce ne fut qu'en 1839 que la trahison de Maroto mit, en partie, un terme à la guerre civile.

Nous avons suffisamment prouvé, par le récit exact des événements, que les Carlistes avaient entrepris le siége de Bilbao sous les plus heureux auspices ; nous nous sommes attachés à démontrer le moment où la chance tourna contre eux sans qu'il y ait eu de leur part ni une faute, ni un oubli.

Durant le siége ils ne furent jamais battus, ils obtinrent au contraire de nombreux avantages militaires dont, à juste titre, ils peuvent s'énorgueillir.

De plus, en attirant l'ennemi sur un seul point, et en l'obligeant à y concentrer toutes ses forces, ils donnaient aux provinces de Catalogne, Valence et Aragon le temps de s'organiser.

Regarder la prise de Bilbao comme le principal objectif des Carlistes serait commettre une grande erreur ; leur but était de tâcher d'y pénétrer par surprise, de s'emparer du matériel de guerre et des munitions, d'augmenter leur armée et de marcher immédiatement sur Madrid.

Bilbao n'est pas un point stratégique mais bien une ville commerciale qui, dans un temps de guerre, sans marine, tomberait infailliblement.

Dans tous les cas, il serait plus nuisible qu'utile aux Carlistes d'immobiliser une quantité considérable de troupes dans des garnisons.

Que nos ennemis, lorsqu'ils se sont crus les plus forts, aient voulu faire du siége de Bilbao un champ clos où la fortune du parti de l'ordre eût mis tout son enjeu, cela se comprend ; mais pas encore, Messieurs les démagogues. Dès que l'armée de Don Carlos aura complété son organisation, elle n'hésitera pas à descendre dans l'arène et à livrer la grande bataille, la bataille décisive, celle qui sera le triomphe ou le tombeau de la civilisation en Espagne.

Maintenant, ce que nous pouvons affirmer et ce qui semblera étrange, c'est que si les Carlistes l'avaient voulu, ils prenaient Bilbao qui manquait absolument de munitions, cela n'a dépendu que d'eux; le général Radica en avait fait la proposition, mais ils répugnaient à imiter les procédés barbares des nations qui se disent civilisées; émus de pitié en songeant à leurs frères malheureux enserrés dans les murs de cette triste cité, ils préférèrent se retirer que d'y entrer par l'incendie et le pillage.

Une femme charmante et de beaucoup d'esprit disait, ces jours-ci, en parlant d'un homme de lettres très-remarquable : C'est le *phylloxera* du Saint Siége !

Cette épithète, à notre avis, peut être également appliquée à cette secte de conservateurs, non pas seulement tricolores, mais multicolores, lesquels, par platitude, intérèt personnel et amour de popularité malsaine, sont, en réalité, les *phylloxeras* de la société.

Ils l'ont prouvé jadis et le prouvent encore aujourd'hui.

Qui applaudissait le 2 mai à la victoire du général révolutionnaire Serrano et à l'abandon du siége de Bilbao par les Carlistes ? toujours ces nobles conservateurs.

Énumérons leurs titres glorieux les plus récents :

En 1846, les mariages espagnols. Conséquences, chute de la reine Isabelle, divisions intestines, guerre civile, ruine de l'Espagne.

En 1859, guerre d'Italie; les faux conservateurs dans leur enthousiasme s'attèlent au char de Napoléon III sur la place de la Bastille.

Conséquences de cette guerre : Gaëte, Mentana, unité de l'Italie, chute du Saint-Siége ; affaire du Sleswig-Holstein, Sadowa.

En 1870, guerre avec la Prusse ; démembrement de la France, République du 4 septembre, la Commune, le pétrole, le pillage, l'assassinat des ôtages, etc.

Pressez-vous, dignes conservateurs, de reconnaître le gouvernement de Serrano, l'Espagne n'a pas dit son dernier mot; elle saura encore vous infliger une rude leçon.

J. DE CEDRON

Paris, le 7 Juin 1874.

44 53 Imp. Vve Renou, Maulde & Cock, R. Rivoli, 144, Paris.